이운구 시집

내 곁에 머문
사랑

도서
출판 다온애드

삶을 미적으로 형상화한 시어(詩語) 빛나

서평 황종택

　인간은 각박하고 이기적이며 도발적인 세파에 지치고 좌절하곤 한다. 살벌하고 폭력적인 시대일수록 인간은 고독하고 그 때문에 많은 밤을 번뇌하며 뜬눈으로 지새우기도 한다.
　다행스럽게도 시인은 언어라는 무기를 갖고 있기에 언어의 표현을 빌려서 스스로 삭이며 자아 충만의 기회를 갖는다. 이운구 시인의 시 '세월이 노년에게 말한다'가 그렇다. "어쩌다 꼰대가 되었다/ 시간은 외로움과의 다툼이란 것도 알았다// 대접받지 못함은/ 그 사람의 인격이나 지식이/ 없어서가 아니다// 젊은 세대와의 이견에서 오는/ 사회적 분위기가 소외감을/ 준다는 사실도 알았다//…// 져주고 양보하고/ …/ 하나하나 나를 버리라고 말 한다/ 세월은 내 편이 아니다// ….". 온화함과 관조의 여유가 빛난다.
　'노인'이라는 세월의 뒤 안에서 젊은 세대를 이해하고 한 발 뒤로 물러서 세상을 지그시 따뜻하게 바라보고 있는 눈길이 곱다. 노인의 또 다른 이름인 지혜의 보고라는 뜻의 '혜인(慧人)'만이 지닐 수 있는 무재칠시의 따뜻한 눈빛 곧 안시(眼施)라고 하겠다. 시 '용퇴'에서도 같은 결을 보이고 있다.
　"낙조의/ 붉은 모습이/ 아름다운 것은// 불타는/ 욕망을// 멈출 수 있었기 때문이다." 인생 경험에서 얻은 절제의 미가 돋보인다. 그칠 때를 알면 위태롭지 않다는 지지불태(知止不殆) 교훈을 후진들에게 넌지시 알려주고 있음이다. 황금만능의 물신주의에 함몰된 세태를 아파하면서 이웃을 배려하는 심성이 고운 시도 눈길을 끈다.

시 '나눔'이다. "욕심은/ 베풀 곳에 버리고// 재물은/ 굶주린 자에게 비워라" 시 '고향의 봄'은 인간 본성이 지닌 부모와 가족, 자연에 대한 정분이 넘쳐흐르는 시세계와 함께 현대인들이 함께 겪고 있는 고향 상실의 아픔도 진하게 녹아 있어 울림이 크다.

"그 바닷가/ 고향 빛 윤슬/ 옛 동산은 사라져/ 온데간데없다// …// 땅 밑에 엎드려 / 시름시름/ 하루해도 저문다." 이운구 시인은 언어로써 인간의 삶을 미적(美的)으로 형상화하는 소양을 빛나는 시어(詩語)로써 잘 구현하고 있다. 문학을 일컬어 특정 주제를 가진 감성의 모음이라고 하는 이유를 여실히 보여주고 있어 시집 『내 곁에 머문 사랑』 이후 내놓을 시에 대한 기대를 모으게 한다.

황종택〈문학평론가·전 세계일보 문화부장〉

겨울 나무

나뭇잎
곱게 물들여
바닥에 색동 이불
덮고 나면

삭정가지
불사르고
겨울 맞는다

시인의 말

지금까지 살면서 나만의 잊지 못할 흔적이 있다.
그것이 '내 곁에 머문 사랑'이다.
그 많은 흔적 중에 성년이 되어 가정을 이루면서
남긴 흔적들이다
가슴속에 깊숙이 묻혀 굴곡된 삶의 혼이기도 하다.
그 혼은 앞으로의 미래를 약속이나 한 듯
함께 가자고 한다.
나의 숙명이자 운명이다.

2024년 4월에
이운구 詩人

1부 가슴 아린 별

12 사랑의 미로
13 까시
14 도원
15 돛단배
16 사랑의 선율
17 꽃이 바람에게
18 가슴 아린 별
19 흉몽 대길
20 여류(如流)
21 가을
22 겨울나무
23 백일몽(白日夢)
24 세월이 노년에게 말한다
25 비 오는 날의 외출
26 이해의 힘
27 나눔
28 당신의 퍼즐
29 하얀 새 꿈
30 믿음
31 뻐꾹새 사랑
32 고향의 봄
33 의심
34 술에 술
35 봄의 향연
36 외로움
37 진실과 거짓
38 오늘의 삶
39 꽃 늪 사랑
40 원한의 이별

2부 행복

42 용퇴
43 습관
44 기지개
45 동반자
46 참사랑
47 운명(運命)
48 생명력
49 행주산성
50 봉화 보부상
51 약자의 삶
52 유월아
53 사랑
54 연분
55 실천의 행복
56 탄생
57 무릉도원
58 가을
59 사랑의 유혹
60 세월
61 재회의 조건
62 닫힌 마음
63 농부 소리
64 배려
65 연어의 삶
66 세월 유수

3부 세월은 간다

68 쩐의 사랑
69 창(窓)
70 사랑의 명암
71 해님
72 노년의 행복
73 세월은 간다
74 깨우침
75 여생(餘生)
76 태동
77 시간 여행
78 철쭉꽃
79 동행
80 목련화
81 부석사
82 만동(晚冬)
83 애정의 속내
84 봄의 길목
85 윤슬
86 만정(萬情)
87 무상(無常)
88 당신 곁에 머물다
89 애정(愛情)
90 남겨진 마음
91 생별 (生別)
92 회상
93 지친 마음
94 변화(變化)

4부　향수

96　삭정 가지
97　장맛
98　정(情)
99　진실(眞實)1
100　향수
101　질투의 화신
102　당신의 모습
103　그날
104　침묵의 밤
105　몽중인생(夢中人生)
106　내 곁에 머문 사랑
107　들국화
108　기다림
109　코스모스
110　오늘의 일상
111　봄의 향연
112　4월의 행주산성
113　진실(眞實)2
114　세월아
115　새만금
116　노년의 삶
117　그 사람
118　보석보다 추억
119　희망
120　만추(晩秋)
121　선심(善心)
122　초동(初冬)
123　함박눈 난심(亂心)
124　시발점
125　미덕
126　또 가을
127　콩깍지

그리움

새벽녘
동이 틀 무렵

잠깐
잠든 사이

창가에 비친
불꽃 한 송이

그대의 그리움만
전하였구나

1부 가슴 아린 별

눈시울이 붉어지는
초롱별 하나

사랑의 미로

가끔은
희미한 기억 속으로
내 마음에 비친 그녀는
버스를 타고 어디론가 가버린다

버스 안 창가
어딘가 바라보던 그녀는 슬프다
그리고 우두커니 생각에 잠긴다

그 순간의 기억들은
아직도 내 마음을 두드린다
잊을 수 없다
세월은 추억 속으로
그대 곁에 머문다

어느 곳
알 수 없는 그곳
그녀는 영원한 미로 속으로
마음속에 숨었다

까시

그날이 오면 온 가족이 함께 모여 차례를 지내고
담소하며 그동안 고단했던 생활을 잠시 내려놓고
마음 가득 풍요롭다

가족 모두 한자리에 모여 먼저 가신 조상님께
제를 지내고 그동안 못다 한 이야기로
시간 가는 줄 모른다

마냥 즐겁기만 한 아이들은
할아버지 할머니 품 안에 안기어 입이 즐겁다

눈에 넣어도 아프지 않을 손자를 보면서
볼에 얼굴을 비비는 "할아버지"

어린 손자는 할아버지 얼굴에는
왜 까시가 많냐며 품 안에서 도망가려 애쓰는
어린 손자 그럴수록 귀여운 듯
꼭꼭 안고 싶어 하는 할아버지

그 모습이 옛 추억이 된 지 오래다
오늘이 그날이었으면 얼마나 좋을까

도원(桃源)

궂은비 부슬부슬
백지 위에 하얀 마음

얽히고설키고
가느다란 골목길

짙은 안개 눈 더듬어
언제 가려 하느냐

돛단배

순풍을 넘고 넘어
여기가 중천인데
바람이 숨 고르니
갈 수가 없구나

어둠은 내리고
한쪽 노를 저어저어
그 자리만 감도는데

강 건너 이내 마음
창황분주 하도다.

사랑의 선율

사랑은
서로의 마음을 묶어놓고
풀었다 조였다
조율하다 보면

어느 시점에
그 선율은 아름다운 사랑으로
무르익는다

하지만
계속 조이면 음은 높아지고
그 연은 끊어질 수 있다

꽃이 바람에게

오늘은
시샘하지 말아 주렴

마실 나올
시간이야

나도 그녀와
사랑하는 들꽃이
되고 싶어

가슴 아린 별

하늘도 잠든
새벽녘

눈시울이 붉어지는
초롱별 '하나'

이별의 예감인가
못내 그리운듯

가슴 아린 별이 되어
울먹이는 눈망울

흉몽대길

까마귀 짓는 소리에
마음은 뒤숭숭하고
할 수 있는 것은 생각뿐이니
무능함이 여기까지인가요

하고픈 일들은
아직도 많을 지언대
꿈같은 일들은 현실이 되어가고
덧없는 삶은 일장춘몽이로다

하늘을 우러러 의지해 보지만
인간의 나약함이 하늘아래
이를 데 없다

여류(如流)

겨울은
홀딱 벗은 개나리꽃 유혹에
되돌아갈 길을 잃었구나

그 환희도 잠시
 꽃은 지고
여름 지나 벌써 결실의 계절인데

노년도
가을 되어 여기서 저기서
낙엽 지는 소리가 또 들려오니

이 길은 자연의 섭리인가
생사유전인가

여류(如流) 물의 흐름과 같이 매우 빠르다.
생사유전(生死流轉) 중생이 불교의 근본 원리에 통달하지 못하여
죽음과 삶을 끝없이 되풀이하는 일

가을

숫자 밑에서
새까맣게 일하는
사람들

달력 한 장
떨어지니

긴소매 입은 가을은
어느덧
나와 함께 있다

겨울나무

나뭇잎
곱게 물들여

땅바닥에 색동 이불
덮고 나면

삭정가지
불사르고
겨울 맞는다

백일몽(白日夢)

사랑하는 가족과 많은 이의 기대를 저버리고
끝내 돌아올 수 없는 길로 가야만 하는 님이시여!
어미 잃은 자식의 울부짖는 소리가 들리옵니까

작은 아들을 가슴에 묻고
토할 거 같은 님의 마음을 견딜 수 없어
아무도 모르는 하늘 끝 저 높은 곳까지 가셨나이까

그곳은 어디인지 잘 모르오나
그렇게도 바쁘게 가야만 하는 길이였나요
함께하지 못하는 곳이기에
가족들은 이렇게 슬퍼하고 있습니다

이승에 혼자 남은 자식의 슬픔을 헤아려 주옵소서
어미 잃은 어린 사슴처럼
너무나 마음이 아프고 잔인 하옵니다
그리고 가슴이 갈기갈기 찢어 지옵니다

잠시라도 깨어나 어미 잃고 울부짖는
어린 자식을 보살펴 주옵소서 황망하옵니다

세월이 노년에게 말한다

어쩌다 꼰대가 되었다
시간은 외로움과의 다툼이란 것도 알았다

대접받지 못함은
그 사람의 인격이나 지식이
없어서가 아니다

젊은 세대와의 이견에서 오는
사회적 분위기가 소외감을
준다는 사실도 알았다

적과 동침하듯 이렇게 살아보라고
세월은 노년에게 말한다

져주고 양보하고 대들지 말고 마음을 비우고
알면서도 모르는 척 벙어리가 되어
하나하나 나를 버리라고 말한다
세월은 내 편이 아니다

그래야 나라는 존재로 존경받고
살아갈 수 있을 것이다
세월은 노년에게 자꾸 훈계한다

비 오는 날의 외출

침묵에서 벗어난
비 오는 날의 외출
곱창집에서 서로 다른 인연으로
만난 사람들
만남은 설렘이었다

그리고 또 다른 느낌
행동 하나하나 이해와
배려를 느낀다

오늘 하루
좋은 사람과의 인연으로
살맛 나는 세상

이것 또한 오늘을 살아가는
산자의 행복이다

서로 다른 이권 카르텔에서 벗어나
순수성이 물씬 풍기는 사람들

오늘 같은 날
소소한 행복을 느낀다

이해의 힘

이해를
구한다는 것은

갈등에서
상대의 마음을
얻는 것이다

그러기에
진정한 사랑을
동반한다

마음의 매듭을 푸는
마법과도 같은 힘이다

나눔

욕심은
베풀 곳에 버리고
재물은
굶주린 자에게
비워라

당신의 퍼즐

무슨
언행이 필요하랴
이미
하나인 것을

옛 추억의 환상
그리고
오늘의 현실

나의 눈에 비친
당신의 현재 모습

오늘따라
어두운 그림자

처음 고민해 보는
혼미의 시간

당신의 퍼즐
혼술로 풀어 보련다

하얀 새 꿈

내 인생에
또다시 가을이 온다면

당신과 나
무르익을 사랑을 꼭꼭
숨기고 싶습니다

누군가에 의해
시샘받고 싶지 않습니다

당신이기에 그렇습니다

믿음

무관심일까
무시일까
피곤함일까

술에 취해
자기 관리 부재인가
아닐 거야

편안함에 잠든 시간
그만큼 사랑하는 거겠지

괜찮아, 난 알아
통화 중에 잠자는
당신의 마음을

내 곁의 연인이
늘 지켜줄 거라는 믿음 때문일 거야

뻐꾹새 사랑

나의 마음에
사랑을 심어놓고

무심코
떠난 님이시여

마음 한구석
따리 틀어 행복 겨워
했었다

천륜 인연
주고 간 그 사랑

아직도 못 잊어
뻐꾹 대겠지

고향의 봄

그 바닷가
고향 빛 윤슬
옛 동산은 사라져
온데간데없다

푸른 하늘
검게 물들어
삶의 희망을 내어주고

땅밑에 엎드려
시름시름
하루해도 저문다

의심

알 수 없는 깊이
변덕스러운 행동들

자존감, 추리력
임의 결론
찌그러진 나이테는
잘라봐야 알 수 있다

상상이별
추리소설

혼자 생각
그럴 것 같다는 자기도취 의심 몽상
시는 수십 만개의 폭넓은 장르다

시를 통해 결론을 정할 만큼 평가는 금물이다

그렇듯
다소니의 마음으로 바라볼 수 있는
그대라면 좋겠다

술에 술

쉽게
정복할 수 있는
여자는

술에
술을 먹는
여자이다

술에 술은
인간의 이성을
마시기 때문이다

봄의 향연

봄의 향기를 품은
수양버들 소슬바람에 춤을 추고

남쪽 하늘 양지바른 빛에
묵은 때 벗어던지고
새 옷으로 치장하려 부산하다

개나리꽃 노랑 병아리
하나 되어 따뜻하고

찬서리 부서지는 뒤꼍에도
쫑긋쫑긋 피어나는 봄의
향연이 있다

얼어붙었던 내 천도
동면에서 깨어난 물고기에게
조용히 내어 주고

은빛 물결 선율의 음악으로
우리 곁으로 다가와
희망을 선사한다

외로움

잔잔한 호수가
평화로워 보이지만

고인 물이 썩어가듯
일상의 휴식이 여유로워 보여도

지속적인 휴식은
고독에서
자유로울 수는 없다.

진실과 거짓

인간은
두 가지의 마음이
공존한다

선(善)과 악(惡)이다

善은 인간이기에
가능한 것이고

惡은 인간이기를
포기한 것이다

善과 惡의 마음은
만져볼 수도
눈으로 볼 수도 없다

惡의 마음에는 거짓이
숨어 있고

善의 마음에는 진실이
숨어 있어 상호 공존하며
겉으로 드러내기를 꺼린다

하지만
시간이 지날수록
진실 앞에 악의 마음은
허물어진다

오늘의 삶

오늘을
산다는 것은

죽은
자에게는 없는
일상이다

고뇌의
삶일지라도

오늘을
즐겨야 하는
이유다

꽃 늪 사랑

꽃 늪 향기가 좋아
다가섰더니 나만을 기다린 듯
반갑게 유혹하네

혼자만의 지난 세월이
함께하는 시간으로 바뀌고
애증 어린 마음이
사랑으로 움틀 때

어느 날
하룻밤 사이에 향기는 없어지고
꽃잎은 떨어지고 기망으로 대한다

차라리 늪의 수렁에 푹푹 빠져
몸과 옷가지 더럽혀진다 하여도
깨끗이 빨고 씻을 수 있으련만

기망으로 꽃 늪에 빠진 사랑
혼자 남은 몸과 마음은
평생의 아픔으로 남아 잊을 수도
씻을 수도 없구나

원한의 이별

서로의
만남을 끝내고

새로운
연인과의 만남은
이별의 아쉬움이 남지만

서로의
만남을 지속하면서

또 다른
연인과의 만남은
배신의 원한이 남는다

2부 행복

희망이
욕망으로 생각이 바뀌면
그 순간부터가 불행이다
일상의 평온함이
가장 큰 행복이다

용퇴

낙조의
붉은 모습이
아름다운 것은

불타는
욕망을

멈출 수 있었기
때문이다

습관

시간을
낭비하지 마라

고쳐 만남은
집착이다

습관은 변화를
적대시한다

차라리
새로운 만남을
선택하라

기지개

뒤뜰
은행나무
밤마다 고한(苦寒)에
울어대더니

이른 춘풍(春風)
가쁜 바람 타고
더듬더듬 봄꽃 찾는 듯

가지가지
뾰족 뾰족
실눈 뜨고
윙크 한다

동반자

믿음과 알 권리
그리고 알려야 할 의무
만남은 즐거움과 아픔을 겪으며
살아가지요

숨김은
나의 치부를 보여주고 싶지 않을 때
나타나는 자기 도피입니다

하지만
동반자라면 남다른 알 권리와
알려야 할 의무와 책임이 있지요

알아야 할 사람은
주변 사람으로부터 무책임의 오명을
받을 수 있고

알려야 할 사람은
혼자라는 소외감과 외로움
그리고 믿음을 저버릴 수 있습니다

동반자
지금도 알 수 없는 당신의 진심이
그립습니다

참사랑

그냥
좋아서
변치 않는 사랑

그 조건은
조건 없는 순수한
사랑

운명(運命)

땅콩은
농부에 의해 새 생명의 구원이
되기도 하지만
취객에 의해 심심풀이 대상이
되기도 한다

생명력

흰 눈은
따뜻한 날씨에 그 생명력을
다하고

사랑은
믿음이 떠나면 그 생명력을
다하며

세월은
추억이 없으면 그 생명력을
다한다

행주산성

초동(初冬)에
얼룩진 행주치마
어린 삭풍에
궁시렁궁시렁
달도 차면 기우나니

봉화 보부상

박달령 오전약수
허리 짐에 동여매고

목마름 배고픔
약수로 달래 보네

노을빛 아름다움
핏빛 물든 낙엽 되어

봇짐에 등 붙이고
발끝 보며 고갯마루

귀로 길 하늘 장벽
고난의 이 길을

허리 등 달빛 되어
타고 넘는 박달령

약자의 삶

사람들은
텃밭 주인을 게으른 농부라고
손가락질한다

그 속에서
살아야 하는 잡초의 삶은
게으른 농부가
얼마나 다행스러운 일인지
모른다

유월아

한가위
소슬바람 물어물어
찾는데

유월아!
너는 왜
갈 길 잃어 멈추었느냐

뭉게구름
마음 실어 하늘 높이
올라보니

서해바다
성난 파도 오늘따라
거칠구나

길 잃어 못 오면
마중 나가 보려는데

그곳은
어딘지 알 수가 없구나

너는 왜 가슴 저미어
이내 마음 태우느냐

사랑

아름다운 꽃은 꽃밭에서
누구나 볼 수 있지만

사랑의 꽃은 마음속에 피어있어
둘만의 눈빛으로 볼 수 있다

꽃의 열매는
벌과 나비의 도움으로
그 결실을 맺지만

사랑의 열매는
서로의 하나 된 몸과
마음으로 그 결실을 맺는다

꽃의 운명은
자연에 의지해 비바람에
흩날리지만

사랑의 운명은
행복이란 설렘으로 마음속에
흩날린다

연분

푸른
초원에 들꽃이
있기에

벌 나비
함께 할수 있었다

당신만의
향기로운 이끌림에
내가 있듯이

실천의 행복

떨어지는 낙엽은
이별의 아픔을 남기고
지는 꽃잎은
삶의 허무함을 느끼다

세월의 흐름은
오늘을 아쉬워하고

오늘의 아쉬움은
세월 따라 몸과 마음만
조급해 진다

내일은 봉사와 나눔을
맹세해 보지만
바쁜 일상에 까마득히
잊고 산다

익숙해진 삶에서
갈 곳 잃은 내 삶이여!

오늘은
봉사와 나눔의 행복을
꼭 실천해 보라

탄생

구름 속에 태양이 없다면
암흑의 세상에서
희망을 잃을 것이요

비바람 천둥번개가 없다면
생명을 깨울 초목은
없었을 것이다

무릉도원

삶과의 만남
여로(旅路)

청명 하늘에
뭉게구름 꿈의 궁전
가는 날

땅 밑에 엎드린
만상(萬象)이
부질없어 보인다

가을

코스모스 치맛바람
화냥기처럼
단풍잎 물들이며
가을을 유혹한다

사랑의 유혹

재물을 보고
사랑한다는 것은

사랑을
사고파는 것이지
하기 위함이 아니다

사랑으로 둔갑한
화사한 유혹이다

그래서 그런지
겉이 화사할 뿐
사랑의 향기가 없다

세월

가는 세월
잡을 수만 있다면

가을의
문턱에 넘어져

가던 길
잠시 멈추어 쉬고
싶어라

재회의 조건

상처받은
남녀 간의 만남은

조건에 의해
하나 된 듯 하지만

그
조건으로 인해

사랑을
쉽게 포기하려는
마음이

늘
불씨로 존재한다

닫힌 마음

닫아버린
창문에 바람 들 날
없듯이

닫아버린
마음에 정들 날 없다

농부 소리

하늘에 맡긴 땅
농부의 원망소리

가뭄에 꺼질 듯
농부의 한숨소리

천수답 소낙비에
농부의 삽질소리

논두렁 붙이는
농부의 장화 소리

누렁이 소 논배미
농부의 쟁기질 소리

배려

평소에
배려 없는 자

갈라진
콘크리트 틈에서

고독하게
홀로 살아가는

잡초와
같은 삶이 될 수 있다

연어의 삶

인생의 길을 잃은
사람은
미래를 두려워한다

그러나
모천회귀하는
연어의 마음처럼

끝을 알고
준비하는 사람은 마음이
평화롭다

세월 유수

성화에
못 이겨 일어나 보니

금세
하늘 끝에 매달린
햇살

노을빛
반짝이며 꽃길 따라
유혹하고

재 너머
황혼길 어둠 속을
재촉한다

3부 세월은 간다

술에는 장사 없고
세월 앞에 젊음 없더라

쩐의 사랑

쩐이란
즐거움은 살 수
있지만

사랑은
살 수 없다

쩐이 맺은
사랑은
조건이 따르며

그 끝은
불행해질 수 있다

창(窓)

어제는
맑고 푸른 하늘을
반기더니

오늘은
비바람 궂은일도
말없이 반긴다

더위에
지친 태양도 반기고
밤하늘 수많은 별들도
반긴다

가깝게
다가설수록 넓은
마음을 가진 창

포용과 여유
풍요로운 마음도
일깨워 반긴다

사랑의 명암

마음을 얻어
정(情)이 들었다면
참다운
사랑의 결실이다

그렇지 않다면
사랑으로 포장한
조건부 거래일수 있다

해님

작은 텃밭 깨우는
이른 아침 해님

먹구름 이불 덮고
늦잠 자고 있다

해님 깨우려
산들바람 보내 보지만

고운 꿈 꼭꼭
깨울 길 없다

언제나 해님
얼굴 보여 주려나

노년의 행복

서로의 정해진 만남보다는 편안하고
부담 없는 만남이 즐거워라

이견 된 대화보다는 들어주고 인정해 주고
칭찬해 주는 대화가 즐거워라

이제는 마음을 비우고 배려할 수 있어 좋고
가진 거 나눠줄 수 있어 즐거워라

과거를 용서하고 포옹할 수 있어 좋고
욕심을 버리고 하루를 즐길 수 있어 즐거워라

남은 시간 버릴 것만 있어서 좋고
누구의 눈치를 볼 필요가 없어 즐거워라

그래서 그런지 과거의 젊음보다
지금이 더 즐거워라

세월은 간다

물 한 모금
목축이고
하늘 한번 져다보고

밝아오는
새벽녘이
그리도 서럽더냐

목청 높여
울어본들
가는 세월 멈추더냐

술에는 장사 없고
세월 앞에 젊음 없더라

깨우침

웃자란
가지보다 낮게 자란
잡목이 강풍에 강하듯

우쭐대는
행동보다 낮은 자세가

굴곡진 삶에서도 존경
받는다

여생(餘生)

삶이란
떨어지는 낙엽처럼
아리노라

노을빛
반짝이며 곱게 수놓은
삶도 있지 않겠는가

가는 세월
잡을 수는 없지만

잠시
머물 수 있는 마음의
여유는 없는지

오늘
나 자신에게 묻고
있노라

태동

천둥번개가
하늘을 깨운다
깜짝 놀란 어린 꽃망울
고개를 쳐든다

어둠 속의
침묵은 흐르고
섬광에 놀란 먹구름은
홍당무가 되었다

소낙비도
흙 속에 숨어
새 생명의 태동을
기다린다

시간 여행

고귀한 만남
처음 겪어보는 설렘

파라다이스의 꿈
그리고 사랑

그토록 강열하게
빛나는 눈빛의 마주침

당신의 사랑스러운
온기에 더해져 불타 오른다

사려 깊은
배려와 속삭이는 미소

봄꽃 비바람은
그날의 향기를 마음
가득 담고

아름다운
짧은 밤을 아쉬워 한다

철쭉꽃

5月에
빛나는 반가운 손님

창문 너머
실 빛 희망 품고
보시 시 다가온다

앞마당 담장 길
화려한 만개

연분홍 빛 입술
수줍은 듯

꽃내음 톡톡
환한 미소 짓는다

동행

삶이란
끈임 없는 미지의
여행이다

기대와 환희
미확정의 삶

그리고
밀려오는 고독과
외로움

그 속에서
의지해야 할 동행이
필요한 이유다

목련화

4月의 태양에
잠시 머문
화려한 외출

때아닌
불청객에 청춘의
꿈을 접는다

잠깐의 만개
지난 순간을 그리워
한들 무엇하랴

부석사

무량수전
안양루야
석양의 지는 해가
아름답구나

산허리
중턱 조사당에는
추녀 밑에 앉아
한결같은 기다림

오늘도
선비화는 그 자리에
머물고 있는데

범종루 화단
목련이 피기도 전에
마음이 떠났다고
몸마저 떠나는 구나

만동(晩冬)

땅거미
막차 타고 가는 오늘

끝장 추위에
별마저 이불속으로
잠든 밤

적막한 밤하늘
마지막 삭풍마저
호되게 삭정가지 울린다

애정의 속내

어느 한 사람
배려하는 마음이 없다면 애정 없는
관심이다

그러한 만남은
먼저 다가서는 사람의 심리를 이용한
이욕의 만남을 의심해 보라

이로움이 없다고 판단되면
애정 없는 관심으로 배려하지 않는다
그것은 애정 어린 상호 관계를 떠나
서로 다른 이상의 만남이다

그로 인한 속내는 많은 스트레스와
마음에 큰 상처를 입을 수 있다

봄의 길목

봄이 오는 길목에서
함박 눈꽃이 피었다

동장군의 배려이자
마지막 시샘인가

봄보다
겨울이 더 아름답다고
설득이라도 하듯이
나의 마음을 붙잡는다

윤슬

창문 너머
님의 얼굴

눈빛
마주칠 때면

아쉬운 듯
일렁일렁
은빛 눈망울

만정(萬情)

냉가슴
어둠 타고 본심을
파고들어

모진 세월
황금빛 보물
흐트러지는 마음

인정머리
진절머리가 나의
마음 흔든다

무상(無常)

마른 가지
찬바람에 무시당하고

내가 지배하던
지난 세월
미래에 무시당하고

덤으로 사는 인생
존재감 없는 사람으로
무시당한다

당신 곁에 머물다

나뭇잎
밀알 되어 나무 밑에
머물듯

이 한 몸
밀알 되어 마음속에
머물다가

동풍이
명월 하여 가랑잎이
지거들랑

남은 세상
동행하며 당신 곁에
머물련다

애정(愛情)

문득이 아닌
가끔을 넘어
자주 생각난다면

그녀를
사랑하고 있다는
증거다

남겨진 마음

물길 따라 황도 포구
옷깃 스며 차가운데

갯고랑 넘고 넘어
조개 잡던 울 어머니

갈매기 밀물 소리에
오늘 해도 저무는데

바다 건너 간월도
발길 없는 암자에는

희미한 초롱 불빛
자식 위해 소원 빌던 날

목메어 불러봐도
세월 속에 흔적 없네

생별(生別)

화려한 꽃 인들
그대만 하오리까

보고 또 봐도
보고 싶은 그대여

이 생명 다하여
가슴 묻어 저미는데

천만년 그대 생각
일장춘몽 이어라

소리쳐 불러봐도
대답 없는 이름이여

행복했던 지난 세월
거기까지 인연인데

그대여 안녕
생별 이어라

회상

세상에서
가장 아름다운 것은

이제와
생각해 보니 과거의
젊음이었다

지친 마음

육신의
노곤함을 잠재우고
새벽녘 기지개를 켜본다

어둠은 밝아오고
흐트러진 마음 추슬러 보지만
가야 할 곳, 머물 곳
마음은 혼란스럽다

어두운 밤하늘
잠 못 이뤄 몇 날 며칠
머물다 보면

옛 생각은 몽롱하여
잊혀져 버리려나

장롱 속
펼쳐보지 못한 새 옷들은
누런빛 헌 옷 되어
가슴 저편 쌓여만 간다

변화(變化)

겨울로 가는 길목은
붉게 물든 단풍 사이로
살며시 다가오고

갈풍에 수놓은 길목은
앙상한 나뭇가지 스치는
바람 소리에
변화를 실감케 한다

휘날리듯 뿌려대는
을 씨년 가랑비는
우리를 슬프게 하고

창밖의 정막은 어둠 속
소리 없이 내리는 가랑비에
변화를 갈구하는 잃어버렸던
추억을 일깨워 불러온다

4부 향수

장날이 오면
기다림에 초조하게 울먹이던 곳
한 폭의 아름다운 풍경화로
멈춰 버렸다

-향수 중에서 발췌-

삭정 가지

마지막 낙엽 하나
바람에 떨어지거들랑
나를 편히 쉬게 해 다오

풍성했던 마음
한없이 아름다웠던
지난날들

그곳엔
새들도 둥지를 틀고
서로 의지하며 행복했었다

하지만
모두 떠나버린 지금

윤회의 마음으로
지난날을 그리워해야지

장맛

묵을수록
맛과 향기가
옹기종기 하다

그 사람 향기도
천만리
변함없다

장독의 장맛처럼
항상 그 자리

오랜 세월
묵은 향 되어
나의 곁을
떠날 줄 모른다

정(情)

편안함이 좋아 다가섰더니
즐거움은 한때요
괴로움은 현실이다

삶의 사연
마음 한편 쌓여가고
남는 건 정이요
추억은 연민이다

비좁은 공간
울안에 갇힌 마음

열린 마음은 갈 길 멀듯
지쳐버렸다

지난 세월 가져와 미래로 보지만
닫혀버린 마음
천근만근 하다

진실(眞實) 1

구름이 하늘을 가린들
반듯이
밝은 세상은 찾아오고

비바람 천둥 번개가 몰아쳐도
반듯이
태양은 초목의 생명줄을 비춘다

마음속 탐욕은
반듯이
성공의 길을 방해하고

마음속 진실은
반듯이
시간으로 보상받는다

향수

장날이 오면
기다림에 초조하게 울먹이던 곳

한 폭의 아름다운 풍경화로
멈춰 버렸다

문명의 변화
천둥소리에 번개 치듯
비상하고 있다

그 속에서
비정하게 뿌리치며 둥지를
떠나는 사람들

젖은 눈가엔
하객들의 축하 속에
어느덧 웃음꽃으로 환하게 빛난다

질투의 화신

연무 꽃 하얀 치마
볼수록 아름답구나

천사 되어 살며시
어여쁜 흰 저고리도 입었구나

질투의 화신 태양 앞에
화들짝 놀란 여인이여!

청산은 너의 벗은 모습을
그렇게도 보고 싶었나 보다

당신의 모습

아침햇살이
나의 창가에 비치면

어느덧 나는
당신 곁으로
다가 갑니다

파란 하늘에
배 띄우고 두근대는
몸과 마음을 싣습니다

그리고
깊은 물속에 비친
당신의 웃는 모습을 봅니다

당신은 오늘도
예쁜 모습으로 어김없이
나를 반겨 줍니다

그날

비 오는
어느 봄날

먼발치 그리는
하얀 꽃 한 송이

비바람
지친 몸으로
하염없는 기다림

오늘도 반갑게
찾아올 님 그리며

그날의 설렘
꽃잎 질 줄 모른다

침묵의 밤

그녀는
어둠 속에 숨었다
그녀만의
비밀이 있나 보다

인연과
배려와 믿음 저버린 듯
긴 시간
침묵의 밤은 흐른다

신뢰와 환희
저버린 그늘진 마음
그곳에
밝은 빛 마음 다시 오려나

별빛
쏟아지는 밤

샛별님께
푸념스럽게 물어보련다

몽중인생(夢中人生)

막걸리 통 옆에 차고
요롱 소리 허겁지겁

코주부 빨간 코
절간에 주마등

세상 내 것인 양
창공을 바라 보네

지나가는 아낙네
말 걸어 망신당하고

괜한 신경질
발길질로 달래보네

아~~
인생 뭐 있어
삶은 몽중이 아니던가

내 곁에 머문 사랑

저녁노을
내 마음 붉게 물들어
아름다운 꽃이 되거든

나
그대를 사랑하리라

별빛 쏟아지는 밤
님 찾는 소쩍새 서글피
울어대거든

나
그대와 함께하리라

눈빛 꽃향기
바람에 님 그리며
휘날릴 때면

나
그대를 그리워하리라

나뭇가지 스치는 소슬바람
사랑의 하모니 되어
마음속에 울려 퍼지면

나
그대와 행복해하리라

들국화

언제부턴가
집 앞 화단에 들국화가
한두 송이 피더니 올해는 제법
식구들이 늘었다

먼저 핀 철쭉이 한창일 때
나무 밑에 숨었다가
이제야 기죽을세라 화사하다

주인 없던 화단에 터줏대감이
되어버린 들국화

오랜만에 와보니
흰나비 친구들과 반가워하며
춤을 춘다

기다림

기다리게 하는
사람은

기다리는 사람이
있기 때문이다

하지만
세월은 기다려 주지
않는다

코스모스

높푸른 하늘 보며
환호성이다

잠자다
깜짝 놀란 아기 꽃

비몽사몽
봉울봉울 일어났다

산들바람 한들한들
언니 꽃과 춤을 춘다

오늘의 일상

비 오는 오후
보고 싶은 얼굴이 있다
망설이다 연락해 본다
반갑게 반기며 만나자 한다

특별하게
할 얘기도 없는데 말이다
그냥 보고 싶고
생각나는 사람이다

약속이나 한 듯
둘은 어느 커피숍으로 향한다
넓지만 둘만의 공간이 있다
빵과 커피를 시킨다
담소하며 마음과
눈빛으로 나누어 먹는다

그리고
어느 죽집으로 향한다
보고 싶은 얼굴은
서로를 아쉬워하며
오늘을 먹는다

봄의 향연

봄의 향기를 품은 수양버들
이화 춘풍에 춤을 추고
양지바른 남쪽 하늘에 묵은 때 벗어던지고
새 옷으로 치장하려 부산하다

개나리꽃 노랑 병아리 하나 되어 따뜻하고
찬바람 부서지는 소리에 쫑긋하며 피어나는
봄의 향연이 있다

얼어붙었던 내 천도
동면에서 깨어난 물고기들에게
제자리를 내어주고
첨벙이는 물결 따라 선율의 음악이 되어
아름다운 푸른 희망을 선사한다

4월의 행주산성

오늘은 행주산성의 하늘을 보았다
오늘따라 미세먼지 하늘 높이 숨었다
힐끗 쳐다보는 해님 땅끝까지 길쭉길쭉 가늘고
눈 밑의 철쭉 봉오리 눈 감고 해님 보려 윙크한다
코로나 전염병도 잠시 쉬는지 나의 마음속을
떠난 지 오래고, 째려보던 해님도 석양에 걸터앉아
홍당무 되어 쉬고 있다
바삐 움직이는 마스크 인파는 부릉대며 하나 둘
제 갈 길을 재촉하고
석양 길 따라 오늘 하루 아쉬워하는 사람들로 바쁘다
한 쌍의 연인들은 손잡고 지는 해를 아쉬워하고
저녁을 재촉하는 꽃샘추위 이리저리 날아와
옷깃을 스친다

진실(眞實) 2

별빛은
칠흑 같은 어둠 속에서
그 빛을 다하고

사랑은
시련 속에서 하나일 때
그 빛을 다한다

세월아

세월 앞에
한없이 무기력해지는 노모
지난 시간이 얄밉도록
야속해진다

그 많은 세월의 소중함을
되돌릴 수 있다면
조금은 더 잘할 수 있겠다
다짐해 보지만

잠시 머물다 가는 깨달음을
알았을 때에는
왜 이리 숨이 가쁜지 너무나
시간이 없다

노모의 만두 빚는 모습에서
자식 위한 마음은 그대로인데

노모의 젊은 날의 모습은
온대 간 대 없다

새만금

이리 가면 변산이요
저리 가면 군산이다

먼지 쌓인 콧구멍
바닷바람에 씻어내고

선글라스 눈 가리고
마음껏 폼 내본다

새만금 한가운데
천사 되어 한 컷 하고

천년의 역사 신라인들
무엇이 부러울까

이승의 하루가
천당 중에 천당이로다

푸른 하늘 마주치는 곳
용왕님도 시샘하겠지

노년의 삶

외롭다는 것은 늙어가는 것이다
젊음을 유지하며 외롭지 않으려면
남에게 봉사와 나눔을 중시하라

여생을 고독에 고뇌하지 말고
즉시 실천하는데 인색해서는 안 된다

그리하면 즐거움에 하루가 짧아 보이고
아름답게 보일 것이다

여생은 마음먹기에 달려있다
아름다운 노년은 주변으로부터
존경받는 것에서 시작된다

그 사람

잠에서 깨어나면
생각나는 사람

아픈 데는 없는지
걱정해 주는 사람

보고 싶어 문자라도
하고 싶은 사람

가을날 둘만의
여행을 떠나고 싶은 사람

그런 사람이었으면
좋겠습니다

보석보다 추억

첫 만남 그날이 오면
당신과 나 더 늦기 전에 아름다운 추억을
만들어요 언젠가는 귀중한 우리의 양식이
될 테니까요

푸른 나뭇잎이 지기 전에 아름다운
푸른 추억도 만들어요
그 안에서 새들과 사랑을 노래해야 하니까요

첫 만남 그날이 오면
무관심 속에 희망을 간직하고 자라나는
눈에 띄지 않는 풀꽃이 되자고요

하늘 높이 뽐내며 곧게 자란 나무는
하루아침에 잘릴 수 있으니까요

오늘은 어떠한 아름다운 추억을 간직할까요
설레는 마음은 또 다른 삶을 찾아 흩날립니다

희망

구름 속에
태양이 없다면

암흑의
세상에서 희망을
잃을 것이요

비바람
천둥번개가
없다면

초목을 깨울
세상이 없었을
것이다

만추(晩秋)

가지 끝
낙엽 하나

천상(天象)

이 가을도
떠난다

선심(善心)

인간의
본심은 양심을
지배한다

본심이
착하면 양심도
선하여

남에게
베푸는 마음이
선량하다

초동(初冬)

삭풍은
몇 개 남은 나뭇잎마저
흔들어 대고

떨고 있던
어린 나뭇가지
볼때기 맞은 듯 울고 있다

뭉게구름
삭풍에 등 떠밀려 동동걸음
바쁘고

늦잠 자던 별님은
추위에 귀찮은 듯 이불속에
숨었다

함박눈 난심(亂心)

오늘처럼 고민하여 무엇을 얻으려고
이 한밤 잠 못 이뤄 뒤척이는가

마음 한구석 추운 바람에 무시당하고
길들여진 자존심은 그녀의 흔들림에
놀림당하여 꽁꽁 얼어붙는데

자정 넘어 리듬까지 망가져 가는 밤
마지막 남은 자존심은
끝내 되돌릴 수 없구나

믿었던 이 난심을 극복하기에는 아직
역부족 이란 말인가

함박눈이 얼음이 되고 얼음이 녹아 강물이 되듯이
오늘밤 나의 함박눈 난심도
넓은 강물이 되어 다시 찾아오려나

시발점

사랑은
마음 한 곳
둘만의 둥지를 튼다

새로운
둥지는 둘만의
소중한 역사를 담는다

사랑은
채워가는
설렘과 아름다운
과정을 목도한다

그 과정은
애정과 갈등을
동시에 동반한다

하지만
무관심이 아닌 갈등은
사랑의 끝은 아니며
애정의 시발점이다

미덕

인간에게
덕은 양날의 칼이다

양심은 미덕을 낳지만
욕심은 악덕을 낳는다

적당량의 비는
새 생명을 주지만
많은 양의 비는
새 생명을 앗아가듯

양심의 미덕은
마음을 비우고
도랑을 치는 것과 같다

또 가을

장마 끝에
산들바람

벌써
가을이 온다고
손사래 친다

콩깍지

눈먼
환상의 사랑

신의
소리를 듣고자

나만의
무아몽중

건반 위
알몸으로 춤추듯

현란한
손놀림과 같다

이운구 시집

내곁에 머문 사랑

지은이 | 이운구
펴낸이 | 전진옥
디자인 | 다온애드
펴낸곳 | 도서출판 다온애드

초판일 | 1쇄 2024년 4월 15일
발행일 | 1쇄 2024년 4월 15일
주　소 | 인천광역시 남동구 벽돌말로 8(간석4동 573-11)
전　화 | 032) 203-6865 팩스 032) 426-7795
메　일 | jinok2224@hanmail.net

판　형 | 신국판
등　록 | 제2013-000008호
ISBN | 979-11-89406-33-2 (03800)
책　값 | 13,000원

좋은 책을 읽는 것은 성공을 위한 밑거름이다.
· 저자와의 협의에 따라 인지는 생략합니다
· 본 간행물은 전국 서점 교보문고에서 구매할 수 있습니다
· 잘못된 책은 출판사 '다온애드'에서 교환해 드립니다.